1 Backform – 50 heiße Rezepte

braten, backen, gratinieren

> Autorin: Cornelia Schinharl | Fotos: Jörn Rynio

Inhalt

Die Theorie

Die Rezepte

In Ruhe genießen

Was gibt es Schöneres: Liebe Gäste haben sich angesagt, alle freuen sich auf einen gemütlichen Abend mit einem leckeren Essen. Wenn das aus dem Ofen kommt, ist nicht nur der Genuss garantiert, sondern auch die Gelassenheit der Gastgeber. Alles wird vorbereitet und gart dann im Backofen vor sich hin, ohne dass noch etwas zu tun ist. Ofengerichte sind nicht nur für Einladungen ideal, sondern auch für den Alltag. Während der verführerische Duft der Backofengerichte durch die Räume zieht, kann man noch so allerhand erledigen. Oder auch einmal ganz in Ruhe die Zeitung lesen, einen Aperitif trinken und sich auf das genussvolle Essen freuen.

Worauf es ankommt

Köstlichkeiten aus dem Backofen

Sie verströmen schon während des Garens einen verführerischen Duft, sie sehen verlockend aus und schmecken einfach unwiderstehlich. Was aus dem Backofen kommt, hat eine knusprige Kruste oder eine zarte Haube aus schmelzendem Käse, ist außen goldgelb gebräunt und innen wunderbar saftig.
Doch nicht nur die Klassiker wie der große Braten, der Auflauf und das Gratin kommen aus dem Ofen, mit der richtigen Form können Sie Gemüse und Fisch schnell übergrillen, Gemüse und Fleisch geschichtet saftig garen, schnelle Fischfilets mit einer würzigen Sauce zubereiten oder auch pikante wie süße Kuchen backen.

Entspannt kochen

Backofengerichte haben nicht nur in geschmacklicher Hinsicht viele Vorteile, sie sind geradezu perfekt, wenn man Gäste erwartet. Ein Braten braucht so gut wie keine Vorbereitung und muss auch beim Garen nicht ständig beobachtet werden, die Zutaten für einen Auflauf oder ein Gratin können Sie in aller Ruhe vorbereiten. Geschichtet oder gerührt und in den Ofen geschoben sind sie dann schnell und garen problemlos vor sich hin.
Sind die Gerichte fertig, die Gäste aber noch mit der Vorspeise beschäftigt? Kein Problem: Den Ofen einfach ausschalten, die Hitze hält sich noch eine Weile und die Gerichte bleiben so warm. Das einzige Gericht, dass diese Ruhepause nicht verträgt, ist das Soufflé. Wir haben es bei der Rezeptauswahl deshalb gar nicht berücksichtigt.

Der Backofen

Selbst wenn sich bei jedem Backofen die Temperaturen exakt einstellen lassen, man Ober- und Unterhitze, Umluft oder den Grill wählen kann, ist doch jeder Ofen ein bisschen anders. Der eine heizt hinten stärker als vorne, der andere oben mehr als unten, und wieder ein anderer zeigt die gewünschte Temperatur zwar an, erreicht sie in Wirklichkeit aber gar nicht. Deshalb sollten Sie die Garzeiten in den Rezepten nicht sklavisch beachten, sondern als Richtlinien verstehen. Die Gerichte sind fertig, wenn die Zutaten des Auflaufs gar sind und die Oberfläche appetitlich braun ist, bei den Hähnchenteilen beim Anstechen klarer Bratensaft ausläuft und der Kuchen aufgegangen ist, und bei der Stäbchenprobe keine feuchten Teigreste mehr daran haften.
Übrigens: Gerichte mit normaler bis langer Backzeit kommen immer in die Mitte des Backofens, denn da ist die Hitze am gleichmäßigsten. Werden sie nur kurz bei größerer Hitze gratiniert, schiebt man sie besser etwas weiter oben ein, denn da ist die Hitze höher.

Tipps und Tricks

Vorgaren oder nicht?

Reis und und andere Getreide sowie Nudeln (eine Ausnahme bilden Lasagneplatten, wenn auf der Packung steht, dass sie ohne Vorkochen zu verwenden sind) muss man immer vorgaren, bevor man sie im Ofen bäckt. Hartfaserige Gemüse wie grüne Bohnen, voluminöse Gemüse wie Spinat und andere Blattgemüse sowie Gemüse, die nur kurz mit einer Sauce überbacken werden wie Spargel und Blumenkohl werden vorgegart.

Richtig vorgaren

Reis und Getreide wie gewohnt kochen, Nudeln kann man etwas kürzer garen und sie werden in jedem Fall gründlich kalt abgeschreckt. Für Gemüse ausreichend Wasser zum Kochen bringen und salzen. Blattgemüse darin garen, bis die Blätter zusammenfallen (1–2 Min.), gut abschrecken. Blumenkohl und Spargel etwas länger garen (2–3 Min.) und grüne Bohnen bissfest werden lassen (etwa 8 Min.). Alle Gemüse abschrecken.

Auflauf oder Gratin

Viele nehmen es mit den Begriffen nicht so genau. In der Fachsprache ist aber ein Auflauf immer ein Gericht aus Zutaten, die mit einer Creme aus Eiern und anderen Zutaten wie Sahne und/oder Käse vermischt und gebacken werden. Ein Gratin besteht aus geschichteten Zutaten, die mit einer Flüssigkeit umgossen und gebacken werden oder aber vorgegart und mit Käse oder einer Sauce kurz gratiniert (überbacken) werden.

Perfekt vorbereiten

Für einen Auflauf alle Zutaten schälen, putzen und schneiden (Ausnahme: rohe Kartoffeln und Äpfel, sie verfärben sich braun) und eventuell vorgaren, Käse reiben und die Form einfetten. Die Eiermasse aber erst kurz vor dem Einschichten schlagen, damit sie schaumig bleibt. Zutaten für ein Gratin einschichten, abdecken und kühl stellen. Vor dem Backen die Flüssigkeit angießen.

Backofen vorheizen?

In der Regel werden Öfen mit Ober- und Unterhitze vorgeheizt. Öfen, die man mit Umluft heizt, nur dann, wenn die Garzeit kürzer als 20 Min. ist. Allerdings können Sie auch bei Ober- und Unterhitze die Gerichte schon beim Vorheizen mit in den Ofen stellen, die Garzeit verkürzt sich dann um etwa 5 Min. Ausnahme: Braten und Kuchen gelingen im vorgeheizten Ofen besser, weil sie schneller eine Kruste bilden.

Schöne Kruste

Sind die Zutaten in der Form schon gar, die Kruste aber noch nicht knusprig genug, die Backofenhitze kurz ganz hoch stellen. Wer vorher noch ein paar Butterflöckchen auf der Oberfläche verteilt, hat noch mehr Erfolg.

Fleisch und Geflügel, das gar, aber nicht braun ist, wird knusprig, wenn man kurz den Backofengrill zuschaltet. Teile dafür am besten auf den Rost legen.

Formen für den Backofen

Glas, Keramik und Porzellan

Wichtigste Voraussetzung für diese Formen: Sie müssen so dick und stabil sein, dass sie durch die Hitze im Backofen nicht zerspringen. Alle feuerfesten Formen erfüllen diese Bedingung. Formen aus Porzellan, Keramik und Glas leiten die Hitze mäßig weiter, sie sind also ideal für Gerichte mit einer längeren Garzeit. Meist nimmt man für einen Auflauf eine etwas höhere Form, für das Gratin die größere und flachere.
Wichtig: Beim Herausnehmen die heiße Form nicht auf einen sehr kalten Untergrund (z. B. Marmor) stellen, die Form (vor allem solche aus Keramik) könnte durch den großen Temperaturunterschied zerspringen.

> 1 *Egal, welches Material Sie wählen, die Formen müssen die Hitze leiten.*

Edelstahl, Aluminium und Gusseisen

Es gibt leichte Backofenformen aus Edelstahl, die man beispielsweise für die Zubereitung von Lasagne verwendet. Unsere Großmütter haben den Braten in emaillierten Blechformen zubereitet, auch sie kann man bis heute verwenden. Und auch ein Bräter aus dickem Gusseisen ist für die Zubereitung eines Bratens, von Geflügelteilen oder Backofengemüse gut geeignet.
Man kann wählen zwischen den leichten Edelstahl- und Aluformen, die es auch mit Antihaftbeschichtung gibt, und den schweren Gusseisenformen, die man auch mit einer Emailbeschichtung kaufen kann. Schwere und dunkle Formen leiten die Hitze gut weiter und machen die Gratins dadurch auch an der Unterseite und den Rändern schön braun. Leichte aus dunklem Material oder mit einer schwarzen Beschichtung haben diese Vorteile fast ebenso ausgeprägt, sind aber durch ihr geringes Gewicht einfach zu handhaben.

Backblech und Fettpfanne

Jeder Backofen ist mit einem flachen Blech und der tiefen Fettpfanne ausgestattet, in der man Braten, Gemüse, Geflügelteile und vieles mehr zubereiten kann. Für kleinere Mengen ist die Fettpfanne in der Regel zu groß. Abhilfe kann man schaffen, indem man das Blech teilt. Dafür ein Stück Alufolie doppelt oder dreifach falten und die Fettpfanne in der Mitte quer teilen. An den Rändern fest andrücken, damit es gut hält.

Formen einfetten

Bei antihaftbeschichteten Formen und bei Gerichten aus sehr feuchten Zutaten ist das Fetten unnötig. Allerdings bekommen die Gerichte mit etwas Butter in der Form oft eine schönere Kruste und zusätzlichen Geschmack. Entscheiden Sie selbst!

Béchamelsauce

Die klassische Lasagne verlangt nach ihr, und Gemüse wird gerne mit einer Béchamel überbacken. Die Sauce ist die Grundlage vieler Backofengerichte und kann so vielfältig abgewandelt werden, dass man aus ihr immer wieder neue Köstlichkeiten zaubern kann. Hier das Grundrezept und ein paar Ideen zum Abwandeln der beliebten Sauce. Lassen Sie Ihre Fantasie spielen und entwickeln Sie ruhig einmal eigene Kreationen!

FÜR 4 PERSONEN

- **3 EL Butter**
- **2 EL Mehl**
- **3/4 l Milch**
- **Salz | Pfeffer**
- **frisch geriebene Muskatnuss**
- **nach Belieben: frisch gehackte Kräuter, geriebener Käse, geriebene oder gehackte unbehandelte Zitronenschale oder Tomatenmark**

TIPP

Frisch geriebenen Käse wie Parmesan unter die Sauce mischen und Gemüse wie Zucchini, Paprika oder Spargel damit überbacken.

Schinkenwürfel und geriebenen Emmentaler untermischen. Gut zu Blumenkohl.

Tomatenmark oder Ajvar mit Käse und ein paar Tomaten- oder Paprikawürfeln untermischen. Nudeln und Pilze damit gratinieren.

1 *Die Butter in einem weiten Topf zerlaufen lassen. Sie soll aufschäumen, aber nicht braun werden.*

2 *Das Mehl mit dem Kochlöffel unterrühren und so lange bei mittlerer Hitze anschwitzen, bis die Mehlschwitze goldgelb und glatt ist. Dabei immer rühren.*

3 *Jetzt auf den Schneebesen umsteigen. Milch nach und nach angießen und kräftig unterrühren. Sauce offen bei schwacher Hitze 10 Min. köcheln lassen. Würzen.*

Käsesorten zum Überbacken

Emmentaler: Der Käse mit den großen Löchern schmeckt mit seinem nussigen Aroma nicht nur auf Butterbrot, sondern eignet sich auch gut zum Backen und Gratinieren. Unterschieden wird vor allem der Schweizer und der Allgäuer Emmentaler. Der Schweizer wird aus Rohmilch zubereitet und lagert länger, wodurch er einen kräftigeren Geschmack bekommt als sein deutscher Verwandter. Eine Spezialiät aus der Schweiz ist höhlengereifter Emmentaler, der noch aromatischer schmeckt. Allgäuer Emmentaler wird ebenfalls aus Rohmilch bereitet, schmeckt aber durch die kürzere Lagerung milder.

Bergkäse: Er zählt ebenfalls zu den Hartkäsen und wird in den höheren Bergregionen verschiedener Länder hergestellt. In Deutschland und Österreich wird er unter dem Namen Bergkäse verkauft, in der Schweiz findet man unterschiedliche Bezeichnungen wie Brienzer, Bündner oder Urner Alpkäse. In Italien zählen zum Beispiel Asiago und Montasio zu den Bergkäsen. Man kann also je nach Geschmack zum Backen und Gratinieren einen eher milden kurz gereiften Bergkäse aus Deutschland bis zum würzigen Gruyère oder Greyerzer verwenden. Fragen Sie beim Einkauf nach der Würze des Käses.

Gouda: Er gehört zu den so genannten Schnittkäsen, wird aber auch Halbhartkäse genannt. Der bekannteste unter ihnen ist der Käse, der rund um das gleichnamige holländische Städtchen Gouda schon seit Jahrhunderten hergestellt wird. Gouda wird in kleineren Betrieben aus Rohmilch, von den meist größeren Herstellern allerdings aus pasteurisierten Milch hergestellt. Man unterscheidet vor allem jungen (noch sehr weichen), mittelalten und alten Käse. Je älter der Gouda ist, desto härter und aromatischer wird er. Ersetzen kann man ihn durch Tilsiter, Edamer, Asiago, Appenzeller oder Mimolette.

Parmesan & Pecorino Der Parmesan gilt als Extrahartkäse, da er einen mürben, bröckeligen Teig hat und sich sehr gut fein reiben lässt. Man unterscheidet den jüngeren und weicheren Grana und den länger gereiften und würzigeren Parmigiano-Reggiano. Im Gegensatz zu Grana und Parmesan wird Pecorino meist aus Schafmilch oder einer Mischung aus Kuh-, Schaf- und Ziegenmilch hergestellt. Er schmeckt noch würziger und eignet sich im reifen Zustand ebenfalls zum Reiben. Parmesan schmilzt auf Gratins besser, wenn man Butter oder Öl zugibt. Man kann auch Manchego oder Sbrinz nehmen.

Mozzarella: Der beliebteste Pizzakäse schmilzt cremig und ist so mild, dass er die anderen Zutaten nicht übertönt. Er gehört zu den Filata- oder Brüh- und Knetkäsen, da die Masse mit heißem Wasser gebrüht und geknetet und anschließend geformt wird. Mozzarella gehört zu den Frischkäsen und wird in Lake verkauft. Der traditionelle Mozzarella wird aus Büffelkuhmilch zubereitet, schmeckt intensiver und würziger und ist weicher als der aus Kuhmilch. Zum Überbacken eignen sich beide Sorten gut, Büffelmozzarella ist allerdings wesentlich teurer. Mozzarella lässt sich nicht gut ersetzen.

Munster & Co.: Er zählt zu den Weichkäsen, deren Schale meist von einer Flora überzogen ist. Der Munster gehört zu einer Untergruppe, die mit Käserotflora oder Rotschmiere behandelt wird. Der Munster aus dem elsässischen Munstertal hat eine orangefarbene Tönung und schmeckt sehr kräftig. Deutscher Münster ist dagegen eher gelblich und schmeckt wesentlich milder. Ersetzen kann man den würzigen Munster durch Andechser Klosterkäse, Saint-Rémy, Epoisses, Chaumes, Boscaiola oder auch Raclettekäse.

Gorgonzola & Co.: Der berühmte italienische Edelpilzkäse stammt aus dem gleichnamigen Ort in der Lombardei und ist in den Versionen »dolce« also mild und »piccante« für würzig im Handel. Besonders mild und cremig ist die Variante, die abwechselnd mit Mascarpone geschichtet wird. Für die Backofengerichte eignen sich der milde und der kräftige, der mit Mascarpone allerdings nicht so gut. Statt Gorgonzola können Sie auch andere Edelpilzkäse wie Roquefort, Bleu d'Auvergne, Bergader oder Danablu verwenden. Sie sind in der Regel noch würziger als Gorgonzola und schmelzen genauso gut.

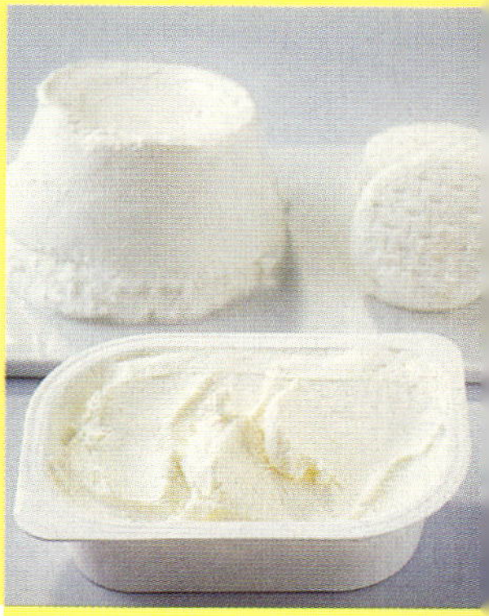

Frischkäse: Ob Ricotta, Doppelrahmfrischkäse oder kleine Ziegenkäse – Frischkäse kann man gut in Aufläufen verarbeiten oder unter den Grill schieben. Ricotta wird aus Schaf- oder Kuhmilch zubereitet, es gibt ihn frisch oder gesalzen und gereift, aus dem Ofen oder geräuchert zu kaufen. Frischkäse wird aus Kuhmilch bereitet und eignet sich zum Mischen von Auflaufmassen. Kleine Käse aus Ziegenmilch wie Crottin de Chavignol oder auch Scheiben einer Ziegenkäserolle kann man gut grillen und mit Salat oder Gemüse essen. Auch Feta kann man dem Frischkäse zuordnen, er wird aber in Lake eingelegt.

Knuspriges Gemüse

Ob Tomaten, Zucchini oder Spinat – es gibt kein Gemüse, das sich nicht im Ofen zubereiten lässt und das beim Garen in der gleichmäßigen Hitze nicht einen besonders feinen Geschmack bekommt. Probieren Sie saftige Aufläufe und goldgelbe Gratins, mediterranes Backofengemüse oder auch einmal einen saftigen Strudel mit würziger Gemüsefüllung aus.

Blitzrezepte

Gegrillte Tomaten

FÜR 4 PERSONEN

➤ **800 g Tomaten | je 2 Zweige Rosmarin und Thymian | 2 Salbeiblättchen | 6 EL Olivenöl | Salz | Pfeffer | 2 TL Zucker 4 kleine runde Ziegenkäse oder Scheiben von einer Ziegenrolle (je etwa 70 g)**

1 | Die Tomaten waschen und halbieren. Mit der Schnittfläche nach oben nebeneinander in die Backform setzen. Kräuter waschen, trockenschütteln, ohne die Stiele fein hacken und mit 4 EL Öl, Salz, Pfeffer und Zucker verrühren.

2 | Backofengrill anheizen. Tomaten mit Würzöl bestreichen und 5 Min. grillen. Käse daneben verteilen, mit dem übrigen Öl bepinseln und weitere 4 Min. grillen. Mit Baguette und Rucolasalat servieren.

Zwiebelgratin

FÜR 4 PERSONEN

➤ **800 g rote Zwiebeln | 200 g Tomaten 1 Bund Petersilie | Salz | Pfeffer 150 g Gorgonzola | 100 g Sahne 4 EL Pinienkerne | 1 EL Butter**

1 | Die Zwiebeln schälen und in feine Ringe hobeln. Tomaten waschen und würfeln. Petersilie waschen, trockenschütteln und die Blättchen fein hacken.

2 | Den Backofen auf 200° vorheizen. Die Zwiebeln mit Tomaten und Petersilie mischen, salzen, pfeffern und in der Backform verteilen. Gorgonzola würfeln, mit der Sahne mischen und darüber gießen. Mit Pinienkernen bestreuen, mit Butter in Flöckchen belegen. Im Backofen (Mitte, Umluft 180°) 25 Min. backen.

preiswert | herzhaft

Chicoréegratin mit Schinken

FÜR 4 PERSONEN

➤ 800 g kleinere Chicoréestauden | Salz
2 EL Butter
1 EL Mehl | 400 ml Milch
50 g Emmentaler, frisch gerieben
2 EL frisch geriebener Meerrettich
Muskatnuss, gerieben
150 g gekochter Schinken
1 Bund Frühlingszwiebeln
Butter für die Form

◷ Zubereitung: 30 Min.
◷ Backzeit: ca. 25 Min.
➤ Pro Portion ca.: 290 kcal

1 | Chicorée waschen, welke Blätter entfernen. Stauden längs halbieren und in Salzwasser 5 Min. vorkochen. Abtropfen lassen.

2 | In einem Topf 1 EL Butter schmelzen lassen, Mehl einrühren, bis es goldgelb ist. Milch unter Rühren unterschlagen, offen bei schwacher Hitze 10 Min. köcheln lassen. Käse und Meerrettich untermischen, mit Salz und Muskat abschmecken.

3 | Den Backofen auf 220° (Umluft 200°) vorheizen. Schinken vom Fettrand befreien und in Streifen schneiden. Frühlingszwiebeln waschen, putzen und in Ringe schneiden.

4 | Backform mit etwas Butter einfetten, Chicorée nebeneinander einschichten. Mit dem Schinken und den Zwiebelringen bestreuen, mit der Sauce begießen und mit der übrigen Butter in Würfeln belegen. Im Backofen (Mitte) 25 Min. backen.

➤ Beilage: Salzkartoffeln

vegetarisch | für Gäste

Spargel mit Parmesanguss

FÜR 4 PERSONEN

➤ 1 kg grüner Spargel
Salz
1 EL Butter
1 EL Mehl
400 ml Milch
100 g Parmesan, frisch gerieben
50 g getrocknete, in Öl eingelegte Tomaten
2 EL kleine Kapern
2 EL Pinienkerne

◷ Zubereitung: 25 Min.
◷ Backzeit: ca. 20 Min.
➤ Pro Portion ca.: 310 kcal

1 | Den Spargel waschen und die holzigen Enden abschneiden. Falls nötig, am unteren Ende schälen. Spargel in Salzwasser 2 Min. vorkochen, abtropfen lassen.

2 | Butter schmelzen lassen, Mehl einrühren, bis es goldgelb ist. Milch unter ständigem Rühren unterschlagen. Die Sauce bei schwacher Hitze 10 Min. köcheln lassen. Die Hälfte vom Käse darin auflösen, die Sauce mit Salz abschmecken. Den Backofen auf 220° (Umluft 200°) vorheizen.

3 | Die Tomaten abtropfen lassen und in Streifen schneiden. Den Spargel in die Backform legen, mit Tomaten und Kapern bestreuen. Mit der Sauce begießen und mit dem übrigen Käse und den Pinienkernen bestreuen. Im Backofen (Mitte) in 20 Min. goldgelb backen.

➤ Beilage: knuspriges Weißbrot oder Kartoffeln

im Bild vorne: **Chicoréegratin mit Schinken** *im Bild hinten:* **Spargel mit Parmesanguss** ➤

gelingt leicht
mediterran

Backofen-Ratatouille

FÜR 4 PERSONEN

- **300 g Zucchini**
  1 Aubergine (ca. 300 g)
  2 gelbe Paprikaschoten
  400 g Tomaten
  1 rote Zwiebel
  2 Knoblauchzehen
  1/4 Bund Thymian
  4 EL Olivenöl
  Salz | Pfeffer
  250 g Mozzarella
  50 g grüne oder schwarze Oliven

Zubereitung: 30 Min.
Backzeit: ca. 40 Min.
➤ Pro Portion ca.: 300 kcal

1 | Den Backofen auf 200° vorheizen. Das Gemüse waschen, putzen und in kleine Würfel schneiden. Zwiebel und Knoblauch schälen und fein hacken. Thymian waschen, trockenschütteln und die Blättchen abstreifen.

2 | Gemüse, Zwiebel, Knoblauch, Thymian und Öl in der Bratform verrühren und mit Salz und Pfeffer würzen. Im Backofen (Mitte, Umluft 180°) in etwa 30 Min. weich braten, dabei ein- bis zweimal durchrühren.

3 | Den Mozzarella in dünne Scheiben schneiden, Oliven auf das Gemüse streuen, Mozzarella darauf legen und in weiteren 10 Min. zerlaufen lassen.

➤ Beilage: knuspriges Weißbrot

vegetarisch | preiswert

Ofengemüse mit Kartoffeln

FÜR 4 PERSONEN

- **500 g fest kochende Kartoffeln**
  2 Bund Frühlingszwiebeln
  300 g zarte Möhren
  2 grüne Paprikaschoten
  500 g Tomaten
  2 Zwiebeln
  2 Knoblauchzehen
  4 Zweige Salbei
  2 Zweige Rosmarin
  Salz | Pfeffer
  6 EL Olivenöl

Zubereitung: 30 Min.
Backzeit: ca. 45 Min.
➤ Pro Portion ca.: 260 kcal

1 | Die Kartoffeln schälen, waschen und achteln. Frühlingszwiebeln waschen, putzen und in etwa 3 cm lange Stücke schneiden. Möhren putzen, schälen und längs halbieren. Paprikaschoten waschen, halbieren, putzen, und in Streifen schneiden.

2 | Den Backofen auf 180° vorheizen. Tomaten kurz überbrühen, häuten und in Würfel schneiden. Zwiebeln und Knoblauch schälen, beides grob hacken. Kräuter waschen, trockenschütteln und von den Stielen zupfen.

3 | Kartoffeln, Gemüse, Zwiebeln, Knoblauch und Kräuter in der Backform mischen, salzen und pfeffern, 100 ml Wasser angießen. Gemüse mit dem Öl beträufeln und im Backofen (Mitte, Umluft 160°) 45 Min. backen, bis die Kartoffeln weich sind.

➤ Beilage: Brot und Kräuterquark

TIPP

Bei der Wahl der Gemüse nach der Saison richten: Auch gut sind Kohlrabi, Mais und Erbsen.

im Bild vorne: **Backofen-Ratatouille** *im Bild hinten:* **Ofengemüse mit Kartoffeln** ➤

gut vorzubereiten | für Gäste

Kohlrabi-Möhren-Strudel

FÜR 4 PERSONEN

- 200 g Mehl | Salz
  3 EL Öl | 1 Eigelb
  2 zarte Kohlrabi (ca. 500 g)
  500 g junge Möhren
  1 Hand voll Kerbel
  1 Bund Frühlingszwiebeln
  2 Knoblauchzehen
  50 g Butter | Pfeffer
  edelsüßes Paprikapulver
  200 g saure Sahne
  Mehl zum Arbeiten
  Butter für die Form

Zubereitung: 1 Std.
Backzeit: ca. 50 Min.
- Pro Portion ca.: 460 kcal

1 | Für den Teig Mehl mit 1/2 TL Salz, dem Öl, Eigelb und 80 ml lauwarmem Wasser in einer Schüssel miteinander verkneten. Auf bemehlter Fläche kräftig durcharbeiten, bis er glatt ist und glänzt. 30 Min. ruhen lassen.

2 | Inzwischen das Gemüse schälen und erst in dünne Scheiben, dann in feine Stifte schneiden. Kerbel waschen und trockenschütteln, die Blättchen fein hacken. Frühlingszwiebeln waschen, putzen und mit dem Grün in feine Ringe schneiden. Knoblauch schälen und in Scheiben schneiden.

3 | Teig halbieren, jeweils ausrollen. Butter schmelzen lassen. Teig jeweils mit Butter bestreichen. Gemüse mit Kerbel, Frühlingszwiebeln und Knoblauch mischen und mit Salz, Pfeffer und Paprikapulver abschmecken, die Hälfte auf dem Teig verteilen. Saure Sahne cremig verrühren, 100 g darauf verteilen.

4 | Ofen auf 200° vorheizen. Die Backform mit etwas Butter einfetten. Teigplatte aufrollen, in die Form geben. Zweite Teigplatte ebenso belegen, aufrollen und daneben setzen. Mit der übrigen flüssigen Butter bepinseln, im Ofen (Mitte, Umluft 180°) 50 Min. backen, bis die Strudel goldbraun sind.

- Beilage: bunt gemischter Salat

1 Teig ruhen lassen

Im Topf Wasser erhitzen, ausgießen. Teig in Pergament wickeln, im Topf zugedeckt ruhen lassen.

2 Teig ausrollen

Teigportionen auf dem bemehlten Küchentuch ausrollen, über dem Handrücken ausziehen.

3 Teig aufrollen

Ränder nach innen klappen. Teig mit Hilfe des Tuchs aufrollen. Vom Tuch in die Form stürzen.

preiswert | vegetarisch

Raspelgemüse-Auflauf

FÜR 4 PERSONEN

➤ **1 kg gemischtes Gemüse (z. B. Möhren, Sellerie, Kartoffeln, Weißkohl und Zucchini)**
2 Knoblauchzehen
1/2 Bund Thymian
4 Eier
150 g Schmand (ersatzweise Sahne)
100 g Bergkäse, frisch gerieben
Salz | Pfeffer
Muskatnuss, gerieben

◷ Zubereitung: 30 Min.
◷ Backzeit: ca. 40 Min.
➤ Pro Portion ca.: 340 kcal

1 | Das Gemüse waschen oder schälen, putzen und in der Küchenmaschine fein raspeln. Knoblauch schälen und dazupressen. Thymian waschen, trockenschütteln und die Blättchen abstreifen.

2 | Den Backofen auf 200° vorheizen. Die Eier mit dem Schmand und dem Käse verrühren, Gemüse und Thymian untermischen. Mit Salz, Pfeffer und Muskat abschmecken und in die Backform füllen. Im Backofen (Mitte, Umluft 180°) 40 Min. backen.

➤ Beilage: knuspriges Weißbrot und Blattsalat

mediterran
gelingt leicht

Spinat-Ricotta-Auflauf

FÜR 4 PERSONEN

➤ **600 g Spinat | Salz**
2 EL Butter
1 Bund Frühlingszwiebeln
1 Bund Petersilie
1 Stück unbehandelte Zitronenschale
50 g Pinienkerne | 3 Eier
250 g weicher Ricotta
100 g Parmesan, frisch gerieben | Pfeffer

◷ Zubereitung: 35 Min.
◷ Backzeit: ca. 45 Min.
➤ Pro Stück ca.: 420 kcal

1 | Den Spinat verlesen und gründlich waschen. Salzwasser aufkochen lassen. Den Spinat darin in 1–2 Min. zusammenfallen lassen. Spinat abgießen, kalt abschrecken, gut abtropfen lassen und grob hacken.

2 | Den Backofen auf 180° vorheizen. Die Backform mit etwas Butter einfetten. Die Frühlingszwiebeln waschen, putzen und mit dem Grün in feine Ringe schneiden. Petersilie waschen und trockenschütteln. Die Blättchen und die Zitronenschale fein hacken. Pinienkerne in einer Pfanne ohne Fett goldgelb rösten, abkühlen lassen und grob hacken.

3 | Die Eier in Eigelbe und Eiweiße trennen. Eigelbe mit Ricotta und Parmesan verquirlen und mit Salz und Pfeffer abschmecken. Eiweiße mit 1 Prise Salz steif schlagen. Spinat, Frühlingszwiebeln, Petersilie und Pinienkerne unter die Ricottamasse rühren, Eischnee unterheben. Die Masse in die Backform füllen, mit der übrigen Butter in Flöckchen belegen. Den Auflauf im Backofen (Mitte, Umluft 160°) 45 Min. backen, bis er gebräunt ist.

➤ Beilage: Brot und Tomatensalat mit Basilikum

im Bild vorne: **Raspelgemüse-Auflauf** *im Bild hinten:* **Spinat-Ricotta-Auflauf** ➤

herzhaft | gelingt leicht

Gefüllte Pilze

FÜR 4 PERSONEN

- **16 große Champignons (ca. 800 g)**
- **1/2 unbehandelte Zitrone**
- **2 Knoblauchzehen**
- **1 Bund Petersilie**
- **1 Tomate | 2 getrocknete, in Öl eingelegte Tomaten**
- **300 g Schweinehackfleisch**
- **1 kleines Ei (S)**
- **2 EL frisch geriebener, beliebiger Hartkäse**
- **1 TL edelsüßes Paprikapulver | Salz | Pfeffer**

Zubereitung: 30 Min.
Backzeit: ca. 20 Min.
Pro Portion ca.: 150 kcal

1 | Die Champignons mit Küchenpapier abreiben, Stiele ablösen und fein hacken. In der Bratform verteilen.

2 | Den Backofen auf 220° (Umluft 200°) vorheizen. Zitrone waschen, abtrocknen und die Schale fein abreiben, Saft auspressen, 1 EL davon in die Pilze träufeln. Knoblauch schälen, fein hacken. Petersilie waschen, Blättchen hacken. Tomate waschen, mit den getrockneten klein schneiden.

3 | Hackfleisch mit Zitronenschale, Knoblauch, Petersilie, Tomaten, Ei, Käse und Paprikapulver verrühren, salzen, pfeffern und in die Pilze füllen. Pilze nebeneinander in die Form setzen und im Ofen (Mitte) 20 Min. backen.

Beilage: Salzkartoffeln oder Brezen

vegetarisch | für Gäste

Zucchini mit Gemüsefüllung

FÜR 4 PERSONEN

- **6 mittelgroße Zucchini (ca. 1,2 kg)**
- **1 gelbe Paprikaschote**
- **2 Tomaten**
- **1 Bund Frühlingszwiebeln**
- **2 Knoblauchzehen**
- **1/2 Bund Basilikum**
- **200 g Edelpilzkäse**
- **50 g Semmelbrösel**
- **Salz | Pfeffer**
- **2 EL frisch geriebener Parmesan | 2 EL Butter**

Zubereitung: 30 Min.
Backzeit: ca. 40 Min.
Pro Portion ca.: 380 kcal

1 | Zucchini waschen, längs halbieren. Fruchtfleisch mit einem Löffel bis auf einen knapp 1 cm dicken Rand herauskratzen und würfeln.

2 | Paprikaschote und Tomaten waschen, putzen und fein würfeln. Frühlingszwiebeln waschen, putzen und fein hacken. Knoblauch schälen und hacken. Ein paar Basilikumblättchen weglegen, die übrigen in Streifen schneiden.

3 | Backofen auf 180° vorheizen. Den Käse klein würfeln und mit 2 EL ausgehöhltem Zucchinifleisch, Paprikaschote, Tomaten, Zwiebeln, Knoblauch, Basilikumstreifen und Semmelbröseln mischen. Salzen, pfeffern und in die Zucchini füllen.

4 | Zucchini nebeneinander in die Form setzen. Übriges Zucchinifleisch salzen, pfeffern und dazwischen verteilen. Zucchini mit dem Parmesan bestreuen und mit der Butter in kleinen Stücken belegen. Im Backofen (Mitte, Umluft 160°) 40 Min. backen. Mit übrigem Basilikum bestreuen.

Beilage: Reis oder Brot

im Bild vorne: **Zucchini mit Gemüsefüllung** *im Bild hinten:* **Gefüllte Pilze**

Kartoffeln, Nudeln und Co.

Kurz mit Käse überbacken, mit anderen saftigen Zutaten in die Form geschichtet oder auf einem dünnen und schön knusprigen Teig gebacken – Kartoffeln, Nudeln und Getreide als ganzes Korn oder zum Teig verarbeitet, lassen sich wunderbar vorbereiten und appetitlich braun backen. Versuchen Sie Kartoffeln mit würzigem Käse, eine saftige Lasagne oder bunt gefüllte Tortillas!

Blitzrezepte

Käsekartoffeln

FÜR 4 PERSONEN

➤ **1 kg fest kochende Kartoffeln | Salz 300 g Munster oder Münsterkäse 2 TL Kümmelkörner | 2 EL Butter**

1 | Kartoffeln waschen und in der Schale in Wasser in 15 Min. knapp weich kochen. Abgießen und etwas ausdämpfen lassen. Kartoffeln nach Belieben pellen, halbieren und mit der Schnittfläche nach oben in die Backform legen. Leicht salzen.

2 | Den Backofen auf 220° (Umluft 200°) vorheizen. Käse würfeln, mit dem Kümmel mischen und auf den Kartoffeln verteilen. Butter in kleine Flöckchen schneiden und obenauf legen. Kartoffeln im Ofen (Mitte) etwa 20 Min. backen. Dazu schmeckt ein gemischter Salat.

Käse-Brot-Gratin

FÜR 4 PERSONEN

➤ **400 g Weiß- oder Mischbrot | je 150 ml trockener Weißwein und Brühe | 300 g Hartkäse, frisch gerieben | 100 g Sahne 1/2 EL Speisestärke | 1 TL getrocknete Kräuter | Salz | Pfeffer | 2 EL Schnittlauchröllchen**

1 | Brot in dünne Scheiben schneiden und goldgelb rösten. Ofen auf 200° (Umluft 180°) vorheizen. Wein und Brühe erhitzen. Käse und Sahne darin verrühren, bis der Käse schmilzt. Stärke in wenig Wasser anrühren, untermischen. Weiterrühren, bis die Masse sämig ist. Mit Kräutern, Salz und Pfeffer würzen Brot dachziegelartig in die Form schichten, mit Sauce begießen. Im Ofen (Mitte) 15–20 Min. backen. Mit Schnittlauch bestreuen.

herzhaft | gelingt leicht

Kartoffel-Pilz-Gratin

FÜR 4 PERSONEN

- **1 kg vorwiegend fest kochende Kartoffeln**
- **250 g Champignons**
- **150 g Schafkäse (Feta)**
- **2 Knoblauchzehen**
- **1 TL getrockneter Thymian**
- **Salz | Pfeffer**
- **400 g Sahne**
- **2 TL Tomatenmark**
- **1 EL Butter**

Zubereitung: 25 Min.
Backzeit: ca. 50 Min.
Pro Portion ca.: 560 kcal

1 | Die Kartoffeln schälen, waschen und in dünne Scheiben hobeln. Champignons abreiben, putzen, in Scheiben schneiden.

2 | Ofen auf 180° vorheizen. Schafkäse in eine Schüssel krümeln. Knoblauch schälen und dazupressen. Thymian zerrebeln und untermischen.

3 | Kartoffeln salzen, pfeffern und lagenweise dachziegelartig in die Backform schichten. Sahne mit Tomatenmark verrühren und seitlich angießen. Champignons auf den Kartoffeln verteilen und mit der Schafkäsemischung bestreuen. Butter in kleinen Flöckchen darauf verteilen.

4 | Im Ofen (Mitte, Umluft 160°) 50 Min. backen, bis die Kartoffeln weich sind.

Beilage: gemischter Salat

Spezialität aus Schweden

Kartoffel-Gratin mit Sardellen

FÜR 4 PERSONEN

- **1 kg vorwiegend fest kochende Kartoffeln**
- **40 g Sardellenfilets in Öl**
- **4 Zwiebeln**
- **3 EL Butter**
- **Salz | Pfeffer**
- **350 g Sahne**

Zubereitung: 30 Min.
Backzeit: ca. 1 Std.
Pro Portion ca.: 500 kcal

1 | Die Kartoffeln schälen, waschen und erst in Scheiben, dann in Stifte schneiden. Die Sardellen gut abtropfen lassen und fein würfeln.

2 | Zwiebeln schälen und in feine Ringe schneiden. Die Butter in einer Pfanne zerlassen, Zwiebeln darin bei schwacher bis mittlerer Hitze in 10 Min. unter Rühren goldgelb braten.

3 | Backofen auf 180° vorheizen. Kartoffeln leicht salzen und pfeffern, die Hälfte in die Bratform geben. Zwiebeln mit Sardellen darauf verteilen, gut pfeffern. Restliche Kartoffeln einfüllen, mit der Hälfte der Sahne begießen.

4 | Im Backofen (Mitte, Umluft 160°) 45 Min. backen. Mit der übrigen Sahne begießen und weitere 15 Min. backen.

Beilage: Gurkensalat mit Dill und saurer Sahne

TIPP

Sie können auch Sardellen in Salz nehmen. Dann aber nur die Hälfte der Menge verwenden und die Sardellen gut wässern.

im Bild links: Kartoffel-Pilz-Gratin *im Bild rechts:* Kartoffel-Gratin mit Sardellen

Klassiker auf neue Art

Grüne Lasagne mit Käse

FÜR 4 PERSONEN

➤ **1 kg Tomaten**
1 Zwiebel
2 Knoblauchzehen
3 EL Olivenöl
1/2 Bund Basilikum
Salz | Pfeffer
je 125 g Mozzarella, Gorgonzola, Fontina und Parmesan
250 g grüne Lasagneblätter (ohne Vorkochen)

Zubereitung: 35 Min.
Backzeit: ca. 40 Min.
➤ Pro Portion ca.: 740 kcal

1 | Stielansätze der Tomaten entfernen. Tomaten kurz überbrühen, häuten und fein würfeln. Zwiebel und Knoblauch schälen und hacken. In 1 EL Öl andünsten. Tomaten zugeben, offen bei mittlerer Hitze 15 Min. köcheln lassen.

2 | Basilikumblättchen klein zupfen. Die Sauce mit Salz, Pfeffer und Basilikum würzen. Mozzarella, Gorgonzola und Fontina fein würfeln, Parmesan fein reiben, alle Käsesorten mischen.

3 | Den Backofen auf 180° vorheizen. Nudelplatten, Tomatensauce und Käse lagenweise in die Bratform schichten, mit Käse abschließen. Mit übrigem Öl beträufeln und im Ofen (Mitte, Umluft 160°) 40 Min. backen.

➤ Beilage: frisches Weißbrot

herzhaft | gelingt leicht

Nudelgratin mit Brokkoli

FÜR 4 PERSONEN

➤ **300 g Penne oder Fusilli**
Salz | 500 g Brokkoli
1 Stange Lauch
2 Knoblauchzehen
100 g roh geräucherter Schinken | 400 g Tomaten
250 g Mozzarella | Pfeffer
2 EL Pinienkerne
1 EL Butter

Zubereitung: 30 Min.
Backzeit: ca. 35 Min.
➤ Pro Portion ca.: 610 kcal

1 | Für die Nudeln reichlich Wasser zum Kochen bringen und salzen. Brokkoli waschen und in Röschen teilen. Stiele schälen und würfeln. Lauch putzen, längs aufschneiden, gründlich waschen und in Streifen schneiden. Nudeln im Wasser 4 Min. kochen. Brokkoli zugeben und alles weitere 4 Min. garen. Lauch untermischen. Alles in einem Sieb kalt abschrecken und abtropfen lassen.

2 | Den Backofen auf 180° vorheizen. Knoblauch schälen und hacken. Schinken in Streifen schneiden. Tomaten waschen und würfeln. Mozzarella ebenfalls würfeln.

3 | Nudeln, Brokkoli und Lauch mit allen anderen Zutaten mischen, salzen, pfeffern und in der Backform verteilen. Mit Pinienkernen bestreuen und mit der Butter in Flöckchen belegen. Im Ofen (Mitte; Umluft 160°) 35 Min. backen.

➤ Beilage: frisches Weißbrot und Salat

TIPP
Wer gerne scharf isst, mischt unter die Nudeln noch 1–2 zerkrümelte getrocknete Peperoncini. Auch lecker: ein paar gewürfelte Sardellenfilets.

im Bild vorne: **Grüne Lasagne mit Käse** *im Bild hinten:* **Nudelgratin mit Brokkoli** ➤

gut vorzubereiten

Krautkrapfen

FÜR 4 PERSONEN

- 300 g Mehl | 3 Eier
- 2 EL Sonnenblumenöl
- Salz
- 200 g durchwachsener Räucherspeck
- 1 große Zwiebel
- 600 g Sauerkraut
- 1 TL Kümmelkörner
- Pfeffer
- 300 ml Fleischbrühe
- 150 g Crème fraîche
- Butter für die Form
- Mehl zum Arbeiten

Zubereitung: 40 Min.
Backzeit: ca. 40 Min.
Pro Portion ca.: 780 kcal

1 | Mehl mit Eiern, 1 EL Öl, 1 EL Wasser und 1/2 TL Salz glatt verkneten. Teig in einem Tuch gewickelt ruhen lassen.

2 | Speck ohne Schwarte und Knorpel klein würfeln. Zwiebel schälen und hacken. Sauerkraut klein schneiden.

3 | Übriges Öl erwärmen, Speck mit Zwiebel darin bei mittlerer Hitze 5 Min. dünsten. Sauerkraut mit Kümmel untermischen, zugedeckt 10 Min. schmoren. Salzen und pfeffern. Den Backofen auf 200° vorheizen. Backform mit Butter einfetten.

4 | Teig halbieren und jeweils auf wenig Mehl zu einer dünnen Platte ausrollen. Mit dem Kraut bestreichen und wie einen Strudel aufrollen. In etwa 4 cm lange Stücke schneiden und nebeneinander aufrecht in die Backform setzen. Brühe mit Crème fraîche verrühren, darüber gießen. Krautrollen im Ofen (Mitte, Umluft 180°) 40 Min. backen.

herzhaft | preiswert

Speck-Zwiebel-Kuchen

FÜR 4 PERSONEN

- 200 g Mehl | Salz
- 10 g frische Hefe
- 1 EL weiche Butter
- 600 g Zwiebeln
- 100 g durchwachsener Räucherspeck
- 1 Bund Schnittlauch
- 100 g saure Sahne
- 1 Ei | 1 Eigelb
- 1 TL edelsüßes Paprikapulver
- Butter für die Form

Zubereitung: 1 Std.
Backzeit: ca. 35 Min.
Pro Portion ca.: 420 kcal

1 | Das Mehl mit 1 kräftigen Prise Salz mischen. Hefe zerkrümeln, in 100 ml lauwarmem Wasser anrühren und mit der Butter unterkneten. Teig zugedeckt etwa 1 Std. gehen lassen.

2 | Inzwischen die Zwiebeln schälen und fein hacken. Den Speck ohne Schwarte und Knorpel würfeln und in einer Pfanne ausbraten. Zwiebeln untermischen und 10 Min. bei schwacher Hitze dünsten.

3 | Den Backofen auf 200° vorheizen. Die Backform einfetten. Den Teig noch einmal durchkneten, in Größe der Form ausrollen und hineinlegen. Schnittlauch waschen und in Röllchen schneiden. Mit saurer Sahne, Ei und Eigelb verrühren und mit Salz und Paprikapulver würzen.

4 | Zwiebelmischung auf dem Teig verteilen, mit Guss begießen. Im Ofen (Mitte, Umluft 180°) 35 Min. backen.

Beilage: Blattsalat

im Bild vorne: Speck-Zwiebel-Kuchen *im Bild hinten:* Krautkrapfen

gelingt leicht | für Gäste

Polenta-Gratin

FÜR 4 PERSONEN

- **Salz | 300 g Instant-Polenta (Maisgrieß)**
- **1 Stange Lauch**
- **2 Möhren**
- **2 Stangen Staudensellerie**
- **500 g Tomaten**
- **1/4 Bund Thymian**
- **3 EL Butter | 400 g gemischtes Hackfleisch**
- **50 ml trockener Weißwein**
- **Pfeffer**
- **100 g Parmesan, frisch gerieben**
- **Butter für die Form**

Zubereitung: 50 Min.
Backzeit: ca. 35 Min.
Pro Portion ca.: 710 kcal

1 | 1 l Wasser mit 2 TL Salz zum Kochen bringen. Die Polenta einrühren und zugedeckt bei sehr schwacher Hitze 5 Min. quellen lassen. Etwa 2 cm dick auf ein Brett streichen und auskühlen lassen.

2 | Gemüse waschen oder schälen und putzen. Lauch, Möhren, Sellerie und Tomaten würfeln. Thymian waschen, von den Stielen streifen. Lauch, Möhren, Sellerie und Thymian in 1 1/2 EL Butter andünsten. Fleisch zugeben und anbraten. Tomaten und Wein angießen, offen 10 Min. köcheln lassen. Salzen und pfeffern.

3 | Backofen auf 200° vorheizen. Backform leicht mit Butter einfetten. Polenta in Scheiben schneiden. Die Form lagenweise mit Polentascheiben und Sauce füllen. Polenta jeweils mit etwas Käse bestreuen. Mit Polenta abschließen und den übrigen Käse aufstreuen. Übrige Butter in Flöckchen darauf verteilen. Im Ofen (Mitte, Umluft 180°) 35 Min. backen.

scharf | gelingt leicht

Gratinierte Tortillas

FÜR 4 PERSONEN

- **8 fertige Tortillas**
- **1 Dose Kidneybohnen (240 g Abtropfgewicht)**
- **je 1 rote und gelbe Paprikaschote | 1 Zwiebel**
- **200 g mittelalter Gouda**
- **Salz | gemahlener Kreuzkümmel**
- **1 kleine Dose geschälte Tomaten (400 g Abtropfgewicht)**
- **2 Knoblauchzehen**
- **1 getrockneter Peperoncino | 2 EL Olivenöl**

Zubereitung: 40 Min.
Backzeit: ca. 30 Min.
Pro Portion ca.: 775 kcal

1 | Tortillas nach Packungsangabe vorbereiten. Bohnen abspülen, abtropfen lassen und fein hacken. Paprikaschoten waschen, putzen und sehr klein würfeln. Zwiebel schälen und sehr fein hacken. Käse grob raspeln.

2 | Backofen auf 180° vorheizen. Bohnen mit Paprikawürfeln, Zwiebel und 150 g Käse mischen, mit Salz und Kreuzkümmel würzen und auf den Tortillas verteilen. Aufrollen und in die Form legen.

3 | Tomaten abtropfen lassen, klein würfeln. Knoblauch schälen und dazupressen. Peperoncino zerkrümeln, mit Salz und Öl untermischen. Über den Tortillas verteilen, mit übrigem Käse bestreuen. Im Ofen (Mitte, Umluft 160°) 30 Min. backen.

Beilage: Tomaten-Gurken-Salat mit Limettensaft

im Bild vorne: **Gratinierte Tortillas** *im Bild hinten:* **Polenta-Gratin**

Fleisch und Geflügel

Ob großer Braten, zartes Fleisch mit einer saftigen Sauce oder mit vielerlei Gemüse eingeschichtet – Fleisch und Geflügel werden im Backofen nicht nur schön knusprig und besonders aromatisch, sondern mit den richtigen Zutaten bleiben sie auch wunderbar saftig. Überzeugen Sie sich selbst!

Blitzrezepte

Gratiniertes Fleisch

FÜR 4 PERSONEN

➤ **1/2 Bund Petersilie | 2 Knoblauchzehen | 300 g TK-Erbsen | Salz Pfeffer | 700 g Puten- oder Schweineschnitzel | 150 g Sahne | 1 EL Currypulver | 2 EL Hartkäse, frisch gerieben 2 EL Mandelblättchen**

1 | Ofen auf 220° (Umluft 200°) vorheizen. Petersilie waschen, trockenschütteln, hacken. Knoblauch schälen und fein würfeln. Beides mit gefrorenen Erbsen in der Bratform mischen, salzen und pfeffern.

2 | Fleisch in etwa 1 cm breite Streifen schneiden, salzen, pfeffern und auf die Erbsen geben. Sahne mit Currypulver und Käse mischen und mit Mandeln darauf verteilen. Im Ofen (Mitte) 15 Min. backen.

Filet mit Senfsahne

FÜR 4 PERSONEN

➤ **300 g Champignons | 700 g Schweine- oder Kalbsfilet | Salz | geriebene Muskatnuss | 150 g Sahne | 1 EL scharfer Senf | 2 TL süßer Senf | 1/2 Bund Schnittlauch**

1 | Den Backofen auf 220° (Umluft 200°) vorheizen. Champignons putzen, in Scheiben schneiden und in der Bratform verteilen. Filet in etwa 1 cm dicke Scheiben schneiden, mit Salz und Muskat würzen und auf die Champignons legen.

2 | Sahne mit beiden Senfsorten verrühren, mit Salz würzen und über das Fleisch gießen. Im Backofen (Mitte) 18–20 Min. backen. Schnittlauch waschen, in Röllchen schneiden und darüber streuen.

Spezialität aus Bayern

Schweinebraten mit Gemüse

FÜR 4 PERSONEN

- **900 g Schweinebraten ohne Knochen (z. B. Nacken oder Schulter) mit Schwarte**
- **2 Knoblauchzehen**
- **Salz | Pfeffer**
- **1/4 l Bier oder Wasser**
- **800 g fest kochende Kartoffeln**
- **4 Möhren**
- **2 Zwiebeln**
- **4 mittelgroße Tomaten**
- **1 TL Kümmelkörner**

Zubereitung: 20 Min.
Backzeit: ca. 1 Std. 50 Min.
Pro Portion ca.: 410 kcal

1 | Den Backofen auf 200° vorheizen. Die Schwarte vom Braten mit einem scharfen Messer rautenförmig einschneiden. Knoblauch schälen, durch die Presse drücken, mit Salz und Pfeffer mischen. Braten damit einreiben.

2 | Braten mit der Schwarte nach unten in die Form legen, die Hälfte des Biers oder Wassers angießen. Braten mit Alufolie abdecken und im Ofen (Mitte) 15 Min. garen. Wenden, übriges Bier oder Wasser angießen und das Fleisch offen 45 Min. braten. Immer wieder begießen.

3 | Kartoffeln, Möhren und Zwiebeln schälen und halbieren. Tomaten waschen und ebenfalls halbieren. Gemüse mit dem Kümmel rund um den Braten verteilen. Alles noch 50 Min. braten, bis das Fleisch knusprig braun ist. Braten kurz ruhen lassen, in Scheiben schneiden und mit dem Gemüse servieren.

➤ Beilage: Gurkensalat mit Dill und saurer Sahne

Klassiker | preiswert

Irish Stew

FÜR 4 PERSONEN

- **600 g Schweine- oder Rinderschulter**
- **2 Zwiebeln**
- **700 g Weißkohl**
- **2 Möhren**
- **1/2 Knollensellerie**
- **600 g fest kochende Kartoffeln | 2 EL Butter**
- **Salz | Pfeffer**
- **1 TL Kümmelkörner**
- **3/4 l Fleischbrühe**

Zubereitung: 40 Min.
Backzeit: ca. 1 1/2 Std.
Pro Portion ca.: 360 kcal

1 | Das Fleisch in etwa 1 cm große Würfel schneiden. Zwiebeln schälen, halbieren, in Streifen teilen. Gemüse waschen oder schälen. Kohl in Streifen, Möhren, Sellerie und Kartoffeln in dünne Scheiben schneiden.

2 | Den Backofen auf 160° vorheizen. Butter in einer Pfanne erhitzen, das Fleisch darin in 2 Portionen anbraten, herausnehmen. Zwiebeln im Bratfett leicht bräunen.

3 | Fleisch, Zwiebeln und Gemüse lagenweise in die Bratform schichten, mit Kartoffeln abschließen, dabei jede Lage mit Salz, Pfeffer und Kümmel würzen. Die Brühe angießen.

4 | Fleisch und Gemüse im Ofen (Mitte, Umluft 140°) 1 1/2 Std. backen. Dabei bei Bedarf noch etwas Brühe oder Wasser angießen.

➤ Beilage: gemischter Salat

im Bild vorne: Schweinebraten mit Gemüse *im Bild hinten:* Irish Stew ➤

für Gäste | gelingt leicht

Lammfilets auf Tomatenbett

FÜR 4 PERSONEN

- 800 g Fleischtomaten
- 1 Bund Frühlingszwiebeln
- 4 Knoblauchzehen
- je 1/2 Bund Petersilie, Basilikum und Rucola
- Salz | Pfeffer
- 4 EL Olivenöl
- 2 EL Pinienkerne
- 8 Lammfilets (je ca. 100 g; am besten vorbestellen)
- 150 g Gorgonzola

Zubereitung: 30 Min.
Backzeit: ca. 12 Min.
Pro Portion ca.: 520 kcal

1 | Die Tomaten waschen und in etwa 1/2 cm dicke Scheiben schneiden. Frühlingszwiebeln waschen, putzen und mit dem Grün in feine Ringe schneiden. Knoblauch schälen und in Scheiben schneiden. Kräuter waschen und trockenschütteln, die Blättchen fein hacken.

2 | Den Backofen auf 200° (Umluft 180°) vorheizen. Tomaten dachziegelartig in eine feuerfeste Form schichten. Salzen, pfeffern, mit Kräutern und Knoblauch bestreuen und mit 2 EL Öl beträufeln. Die Pinienkerne darüber streuen.

3 | Von den Lammfilets alle Sehnen abschneiden. Lamm mit dem übrigen Öl einstreichen, salzen, pfeffern und auf die Tomaten legen. Gorgonzola in Scheiben schneiden, auf dem Lamm verteilen.

4 | Im Backofen (Mitte) etwa 12 Min. garen. Kurz stehen lassen. Rasch servieren.

Beilage: Bandnudeln

Spezialität aus der Türkei

Lammgratin mit Joghurtguss

FÜR 4 PERSONEN

- 700 g Lammkeule ohne Knochen
- 4 Scheiben Weißbrot
- 4 EL Olivenöl
- Salz | Pfeffer
- 4 Knoblauchzehen
- 400 g Schafmilchjoghurt
- 50 ml Milch
- 1 EL Tomatenmark
- 1 TL rosenscharfes Paprikapulver
- 2 TL edelsüßes Paprikapulver
- 1/2 Bund Petersilie

Zubereitung: 20 Min.
Backzeit: ca. 20 Min.
Pro Portion ca.: 580 kcal

1 | Das Fleisch in mundgerechte Stücke schneiden. Das Brot würfeln. Den Backofen auf 200° vorheizen.

2 | 2 EL Öl in einer Pfanne erhitzen, Brotwürfel darin rundherum knusprig braun braten, herausnehmen. Das Fleisch im übrigen Fett in zwei Portionen anbraten, salzen und pfeffern.

3 | Lamm und Brot mischen und in die Bratform füllen. Knoblauch schälen und zum Joghurt pressen. Mit Milch verrühren. Mit Tomatenmark und beiden Paprikasorten verrühren, salzen, pfeffern und über der Lammmischung verteilen. Im Ofen (Mitte, Umluft 180°) 20 Min. backen. Petersilie waschen, Blättchen fein hacken. Über das Gratin streuen.

Beilage: Reis oder Fladenbrot

im Bild vorne: **Lammfilets auf Tomatenbett** *im Bild hinten:* **Lammgratin mit Joghurtguss**

mediterran | für Gäste

Hühnerbeine auf Gemüse

FÜR 4 PERSONEN

- 4 Hühnerschenkel mit Rückenteil (je etwa 250 g)
  Salz | Pfeffer
  1 Aubergine (ca. 300 g)
  2 Zucchini (ca. 400 g)
  2 Stangen Staudensellerie
  400 g Tomaten
  4 Zweige Rosmarin
  4 Knoblauchzehen
  2 TL Fenchelsamen
  4 EL Olivenöl
  2 EL Anislikör (nach Belieben)

Zubereitung: 30 Min.
Backzeit: ca. 45 Min.
- Pro Portion ca.: 460 kcal

1 | Den Backofen auf 180° vorheizen. Hühnerschenkel mit Salz und Pfeffer würzen.

2 | Gemüse waschen und putzen. Aubergine und Zucchini würfeln, Sellerie in Scheiben schneiden. Das zarte Grün abschneiden und hacken. Tomaten klein würfeln. Rosmarin waschen, die Nadeln abzupfen. Knoblauch schälen und in Scheiben schneiden.

3 | Gemüse mit Rosmarin und Selleriegrün, Knoblauch, Fenchelsamen, Öl und eventuell Anislikör in der Backform mischen, salzen und pfeffern. Hühnerschenkel darauf legen. Im Backofen (Mitte, Umluft 160°) 45 Min. backen, dabei die Hühnerschenkel einmal wenden.

- Beilage: Baguette
- Getränk: trockener Rotwein

gut vorzubereiten

Gratinierte Hühnerbrüstchen

FÜR 4 PERSONEN

- 4 einfache Hühnerbrüste (je ca. 180 g)
  600 g Tomaten
  1 EL Pesto (aus dem Glas)
  Salz | Pfeffer
  50 g schwarze Oliven mit Stein
  2 Knoblauchzehen
  2 Frühlingszwiebeln
  250 g Mozzarella
  2 EL Olivenöl
  2 EL Pinienkerne
  4 kleine Holzspießchen

Zubereitung: 45 Min.
Backzeit: ca. 20 Min.
- Pro Portion ca.: 540 kcal

1 | An jeder Hühnerbrust an einer Seite jeweils eine Tasche einschneiden. Stielansätze der Tomaten entfernen. Tomaten kurz überbrühen, häuten und klein würfeln. 2 EL Tomatenfleisch mit dem Pesto verrühren, salzen, pfeffern und in die Hühnerbrüstchen füllen. Mit Holzspießchen verschließen. Hühnerbrüste außen salzen und pfeffern.

2 | Backofen auf 200° (Umluft 180°) vorheizen. Olivenfleisch von den Steinen abschneiden. Knoblauch schälen und fein hacken. Frühlingszwiebeln waschen, putzen und mit dem zarten Grün in Ringe schneiden. Oliven, Knoblauch und Zwiebelringe mit den übrigen Tomaten in der Backform verrühren, salzen und pfeffern.

3 | Die Hühnerbrüste auf die Tomaten setzen. Den Mozzarella in Scheiben schneiden und darauf legen. Mit Öl beträufeln und mit Pinienkernen bestreuen. Im Ofen (Mitte) etwa 20 Min. backen.

- Beilage: Bandnudeln

im Bild vorne: **Gratinierte Hühnerbrüstchen** *im Bild hinten:* **Hühnerbeine auf Gemüse**

herzhaft | gelingt leicht

Hackbällchen auf Reis

FÜR 4 PERSONEN

- 250 g Langkornreis
- Salz
- 1 kleine Dose geschälte Tomaten (400 g Abtropfgewicht)
- 100 g Hartkäse, frisch gerieben
- 2 Scheiben Toastbrot
- 1 Bund Petersilie
- 1 rote Zwiebel
- 1 EL Kapern
- 2 Sardellenfilets in Öl (nach Belieben)
- 600 g Hackfleisch
- 1 Ei
- Pfeffer

Zubereitung: 40 Min.
Backzeit: ca. 25 Min.
Pro Portion ca.: 785 kcal

1 | Reis mit der doppelten Menge Wasser und Salz zum Kochen bringen, zugedeckt bei schwacher Hitze 15 Min. ausquellen lassen.

2 | Tomaten in der Dose kleiner schneiden. Mit Saft und dem Käse unter den Reis mischen, in die Backform füllen. Ofen auf 200° vorheizen.

3 | Toastbrot entrinden und fein zerkrümeln. Petersilie waschen, Zwiebel schälen, beides fein hacken. Kapern und eventuell Sardellen ebenfalls fein schneiden. Diese Zutaten mit Hackfleisch und Ei mischen, salzen, pfeffern und verkneten. Zu Bällchen formen, diese auf den Reis legen. Im Ofen (Mitte, Umluft 180°) 25 Min. backen.

Beilage: Rucolasalat

preiswert
gelingt leicht

Putenhackbraten auf Gratin

FÜR 4 PERSONEN

- 1 altbackenes Brötchen
- 600 g Putenfleisch ohne Knochen
- 1 Bund Frühlingszwiebeln
- 4 Knoblauchzehen
- 2 Eier | 2 TL scharfer Senf
- Salz | Pfeffer
- 800 g Kohlrabi
- 1 unbehandelte Zitrone
- 200 g Sahne
- 2 EL Butter

Zubereitung: 40 Min.
Backzeit: ca. 1 Std.
Pro Portion ca.: 460 kcal

1 | Das Brötchen in warmem Wasser weich werden lassen. Putenfleisch in sehr kleine Würfel schneiden oder hacken. Frühlingszwiebeln waschen, putzen und mit dem Grün fein schneiden.

2 | Den Backofen auf 200° vorheizen. Das Brötchen ausdrücken, zerpflücken und mit Fleisch und Zwiebeln in eine Schüssel füllen. Knoblauch schälen und dazupressen. Eier, Senf, Salz und Pfeffer hinzufügen, gut verkneten.

3 | Kohlrabi schälen und von den holzigen Stellen befreien. In dünne Scheiben schneiden. Zitrone waschen und abtrocknen. Schale dünn abschneiden und sehr fein hacken. Kohlrabi dachziegelartig in die Bratform legen, mit Salz, Pfeffer und Zitronenschale würzen. Sahne angießen. Aus dem Putenfleisch einen länglichen Laib formen, auf die Kohlrabi legen. Die Butter würfeln und auf dem Braten und Gemüse verteilen. Im Ofen (Mitte, Umluft 180°) 1 Std. braten.

Beilage: Salz- oder Bratkartoffeln

im Bild vorne: Hackbällchen auf Reis *im Bild hinten:* Putenhackbraten auf Gratin

Fisch und Meeresfrüchte

Zarte Filets in feiner Sauce oder unter würziger Haube, ganze Fische mit würzigen Zutaten oder in aromatischem Wein gegart, im Ofen kann man Fisch wunderbar unkompliziert zubereiten. Und dabei schmeckt er immer besonders fein und bleibt bei den relativ kurzen Garzeiten auch schön saftig. Lassen Sie sich von den einfachen und dabei raffinierten Rezepten in diesem Kapitel verführen!

Blitzrezepte

Fisch in Tomatensahne

FÜR 4 PERSONEN

➤ 4 Fischfilets (je ca. 180 g, Heilbutt, Lachs oder Rotbarsch) | Salz | Pfeffer 1 EL Zitronensaft | 500 g Tomaten 1 Bund Basilikum | 200 g Sahne

1 | Den Backofen auf 200° (Umluft 180°) vorheizen. Fischfilets waschen, trockentupfen und mit Salz und Pfeffer würzen. Nebeneinander in die Bratform legen und mit dem Zitronensaft beträufeln.

2 | Tomaten waschen oder häuten und klein würfeln. Basilikum waschen, die Blättchen in Streifen schneiden. Tomaten und Basilikum mit Sahne mischen, salzen, pfeffern und über dem Fisch verteilen. Im Backofen (Mitte) 15 Min. backen. Mit Salzkartoffeln oder Reis servieren.

Fisch mit Würzbutter

FÜR 4 PERSONEN

➤ 4 Fischfilets (je ca. 180 g, Seelachs, Barsch oder Zander) | 2 EL Zitronensaft 4 Zweige Dill | 4 Knoblauchzehen 80 g weiche Butter | je 1/2 TL Pfeffer, Muskat und gemahlener Koriander 2 TL scharfer Senf | Salz

1 | Backofen auf 250° (Umluft 220°) vorheizen. Fischfilets kalt abspülen, trockentupfen, mit Zitronensaft beträufeln.

2 | Dill waschen, trockenschütteln und fein hacken. Knoblauch schälen und zur Butter pressen. Dill und Gewürze mit Senf zugeben und untermischen. Fischfilets in die Backform legen und salzen. Würzbutter darauf verteilen. Im Ofen (Mitte) 5 Min. backen. Mit Brot oder Kartoffeln servieren.

preiswert | schnell

Seelachs mit Nusskruste

FÜR 4 PERSONEN

- **4 Seelachsfilets (je ca. 180 g)**
- **1 EL Zitronensaft**
- **1 EL trockener Sherry (nach Belieben) | Salz**
- **rosenscharfes Paprikapulver**
- **1 Bund Petersilie**
- **1 Bund Frühlingszwiebeln**
- **50 g Haselnusskerne**
- **100 g Butter**
- **4 EL Semmelbrösel**

Zubereitung: 30 Min.
Backzeit: ca. 12 Min.
Pro Portion ca.: 465 kcal

1 | Fischfilets waschen und trockentupfen. Mit Zitronensaft und nach Belieben mit Sherry beträufeln. Mit Salz und Paprikapulver würzen.

2 | Den Backofen auf 220° (Umluft 200°) vorheizen. Die Petersilie waschen, Blättchen fein hacken. Frühlingszwiebeln waschen, putzen und klein schneiden. Haselnusskerne fein hacken, Butter in kleine Würfel schneiden. Petersilie, Zwiebeln, Haselnüsse, Butter und Semmelbrösel mischen, salzen.

3 | Fischfilets in die Backform legen und mit der Buttermischung bedecken. Im Ofen (Mitte) 12–15 Min. backen.

➤ Beilage: Salzkartoffeln

macht was her

Lachsfilets auf Nudelgratin

FÜR 4 PERSONEN

- **300 g Bandnudeln (ersatzweise Makkaroni)**
- **Salz**
- **1 gelbe Paprikaschote**
- **1 Zucchino (ca. 200 g)**
- **300 g Tomaten**
- **250 g Mozzarella**
- **1 unbehandelte Zitrone**
- **1 Bund Basilikum**
- **4 Lachsfilets (je ca. 180 g)**
- **1 EL mittelscharfer Senf**
- **Pfeffer | 1 EL Butter**
- **Butter für die Form**

Zubereitung: 30 Min.
Backzeit: ca. 30 Min.
Pro Portion ca.: 810 kcal

1 | Die Nudeln in Salzwasser al dente kochen, kalt abschrecken und abtropfen lassen. Paprikaschote waschen, halbieren, putzen und würfeln. Zucchino und Tomaten waschen, würfeln. Mozzarella klein schneiden.

2 | Die Zitrone waschen und abtrocknen, Schale fein abreiben, eine Hälfte auspressen. Basilikumblättchen abzupfen, ein paar beiseite legen, die übrigen in Streifen schneiden.

3 | Fischfilets kalt abspülen und trockentupfen. Zitronenschale mit Basilikumstreifen und Senf verrühren. Fischfilets salzen, pfeffern, mit etwas Zitronensaft beträufeln und mit Senfcreme einstreichen.

4 | Ofen auf 180° vorheizen. Bratform einfetten. Nudeln mit Gemüse und Mozzarella mischen, salzen und pfeffern. In der Form verteilen und im Ofen (Mitte, Umluft 160°) 20 Min. backen. Fischfilets darauf verteilen, mit der übrigen Butter belegen, weitere 10 Min. backen. Mit Basilikumblättchen bestreuen.

➤ Beilage: Blattsalat

im Bild vorne: Seelachs mit Nusskruste *im Bild hinten:* Lachsfilets auf Nudelgratin ➤

fruchtig | für Gäste

Rotbarben mit Orangen

FÜR 4 PERSONEN

- 4 größere Rotbarben (je ca. 260 g)
- 1 EL Zitronensaft
- Salz | Pfeffer
- 2 Orangen
- 3 Zweige Rosmarin
- 4 Knoblauchzehen
- 1 Bund Frühlingszwiebeln
- 2 EL schwarze Oliven
- 4 EL Olivenöl

Zubereitung: 25 Min.
Backzeit: ca. 20 Min.
➤ Pro Portion ca.: 355 kcal

1 | Die Rotbarben eventuell schuppen, kalt waschen und mit Küchenpapier trockentupfen. Die Fische innen mit Zitronen-saft beträufeln, innen und außen salzen und pfeffern.

2 | Den Backofen auf 200° (Umluft 180°) vorheizen. Von den Orangen die Schale so abschneiden, dass auch die weiße Haut entfernt wird. Filets zwischen den Trennwänden herausschneiden, dabei den Saft auffangen.

3 | Rosmarin waschen, trockenschütteln und die Nadeln abzupfen. Knoblauch schälen und in feine Scheiben schneiden. Frühlingszwiebeln waschen, putzen und in feine Ringe schneiden.

4 | Orangen mit Rosmarin, Knoblauch, Zwiebelringen und Oliven mischen. Rotbarben nebeneinander in die Bratform legen, mit dem Orangensaft beträufeln und mit der Orangenmischung belegen. Mit Öl beträufeln und im Backofen (Mitte) 20 Min. backen.

➤ Beilage: Rosmarinkartoffeln und Rucolasalat

kalorienarm

Weißweinfische

FÜR 4 PERSONEN

- 4 Forellen (ersatzweise Renken oder Saiblinge)
- 1 EL Zitronensaft
- Salz | Pfeffer
- 1 Bund gemischte Kräuter
- 4 Knoblauchzehen
- 2 Stangen Lauch
- 2 Möhren
- 1/2 l trockener Weißwein
- 2 EL Butter

Zubereitung: 30 Min.
Backzeit: ca. 30 Min.
➤ Pro Portion ca.: 330 kcal

1 | Fische waschen und trockentupfen. Innen mit Zitronensaft beträufeln, innen und außen salzen und pfeffern.

2 | Backofen auf 180° vorheizen. Die Kräuter waschen und die Blättchen von den Stielen zupfen. Ein paar Blättchen in die Fischbäuche legen, übrige Kräuter hacken. Knoblauch schälen, in Scheiben schneiden. Lauch putzen, längs aufschneiden, gründlich waschen und in Streifen schneiden. Möhren schälen und in Streifen schneiden.

3 | Fische nebeneinander in die Bratform legen. Gemüse mit übrigen Kräutern und Knoblauch mischen, salzen und dazwischen verteilen. Wein angießen und die Fische mit der Butter in Flöckchen belegen. Fische im Ofen (Mitte, Umluft 160°) 30 Min. backen.

➤ Beilage: Salzkartoffeln

im Bild vorne: **Rotbarben mit Orangen** *im Bild hinten:* **Weißweinfische** ➤

gut vorzubereiten
gelingt leicht

Gegrillte Tintenfischchen

FÜR 4 PERSONEN

- **700 g kleine Tintenfischchen | Salz**
  1/2 Bund Petersilie
  je 2 Zweige Thymian und Salbei
  2 Knoblauchzehen
  1 getrockneter Peperoncino (nach Belieben)
  2 EL Zitronensaft
  4 EL Olivenöl

Zubereitung: 25 Min.
Marinierzeit: ca. 2 Std.
- Pro Portion ca.: 210 kcal

1 | Tintenfische waschen, in kochendem Salzwasser 1 Min. blanchieren. Kalt abschrecken und abtropfen lassen.

2 | Kräuter waschen und trockenschütteln, die Blättchen fein hacken. Knoblauch schälen und durchpressen. Peperoncino nach Belieben zerkrümeln. Mit Knoblauch, Kräutern, Zitronensaft und Öl zu den Tintenfischen geben und durchmischen. Den Tintenfisch zugedeckt etwa 2 Std. kühl stellen.

3 | Tintenfischchen in die Backform füllen und salzen. Den Backofengrill anheizen, Tintenfische 10 Min. unter dem Backofengrill mit etwa 10 cm Abstand grillen, dabei einmal durchrühren.

- Beilage: frisches Weißbrot und ein gemischter Salat

Spezialität aus Spanien

Fischpaella

FÜR 4 PERSONEN

- **2 Zwiebeln**
  4 Knoblauchzehen
  4 EL Olivenöl
  1 l Gemüsebrühe
  1 Döschen Safranfäden (0,1 g)
  400 g Rundkornreis
  400 g Tomaten
  150 g TK-Erbsen | Salz
  500 g Fischfilets (z. B. Schwertfisch)
  8 größere rohe Garnelen in der Schale
  1/2 Bund Petersilie

Zubereitung: 30 Min.
Backzeit: ca. 30 Min.
- Pro Portion ca.: 695 kcal

1 | Zwiebeln und Knoblauch schälen, beides fein hacken. In 2 EL Öl andünsten. Die Brühe dazugießen und aufkochen. Safran zwischen den Fingern zerreiben und untermischen. Reis einrühren und 1 Min. kochen lassen.

2 | Backofen auf 180° vorheizen. Die Tomaten waschen und würfeln. Mit den Erbsen unter den Reis mischen und salzen. In die Backform füllen und mit Alufolie abdecken. Im Backofen (Mitte, Umluft 160°) 20 Min. backen.

3 | Fischfilets waschen, trockentupfen und würfeln. Die Garnelen am Rücken einschneiden, entdarmen und waschen. Petersilie waschen, fein hacken. Fisch, Garnelen und Petersilie auf dem Reis verteilen, mit dem übrigen Öl beträufeln und offen weitere 10 Min. garen.

- Beilage: Weißbrot, Zitronenschnitze und Blattsalat

TIPP

Wer mag, gart ein paar Muscheln 5 Min. zugedeckt in Wein, Wasser oder Fischfond und gibt sie mit Fisch und Garnelen auf den Reis.

im Bild vorne: **Gegrillte Tintenfischchen** *im Bild hinten:* **Fischpaella**

Süßes zum Sattessen

Fein gefüllte duftende Äpfel, saftige Aufläufe mit Früchten, Reis oder Brot, lockere Kuchenstücke und Obst mit zimtwürzigen Streuseln – all das kann man in einer Backofenform zubereiten und genießen. Mal als süßes Hauptgericht nach einer Suppe oder einem Salat, mal als köstliche Beigabe zu Kaffee oder Tee.

Blitzrezepte

Bratäpfel

FÜR 4 PERSONEN

➤ **100 g abgezogene Mandeln | 1/2 unbehandelte Orange | 100 g Marzipan-Rohmasse | 2 EL Crème fraîche 2 EL Apfeldicksaft oder Honig | 1 Prise Zimtpulver | 8 kleinere säuerliche Äpfel**

1 | Mandeln fein hacken. Orangenhälfte waschen, abtrocknen und die Schale fein abreiben. Marzipan mit einer Gabel zerdrücken. Crème fraîche, Dicksaft oder Honig, Mandeln, Orangenschale und Zimtpulver untermengen.

2 | Ofen auf 200° vorheizen. Die Äpfel waschen, vom Kerngehäuse befreien, nebeneinander in die Bratform setzen, mit der Mandelmasse füllen. Im Ofen (Mitte, Umluft 180°) in 30 Min. weich backen.

Zitronen-Quark-Auflauf

FÜR 4 PERSONEN

➤ **1 unbehandelte Zitrone | 4 Eier 250 g Quark | 100 g Zucker | 1 Prise Salz | 125 g Sahne | 3 EL Mehl Butter für die Form**

1 | Den Backofen auf 200° schalten. Bratform einfetten. Zitrone waschen, abtrocknen und die Schale fein abreiben. Eier in Eiweiße und Eigelbe trennen. Die Eigelbe mit Quark, Zucker und Zitronenschale schaumig schlagen.

2 | Die Eiweiße mit Salz steif schlagen. Sahne ebenfalls steif schlagen. Beides auf die Quarkcreme geben, mit Mehl bestäuben. Mit dem Schneebesen locker untermischen und in die Form füllen. Im Ofen (Mitte, Umluft 180°) 30 Min. backen.

gelingt leicht

Reis-Kirschen-Auflauf

FÜR 4 PERSONEN

- **1 l Milch | 1 Prise Salz**
  250 g Milchreis
  500 g Kirschen
  80 g Butter
  100 g Zucker
  1/2 TL Zimtpulver
  4 Eier
  Butter für die Form

◷ Zubereitung: 30 Min.
◷ Backzeit: ca. 40 Min.
➤ Pro Portion ca.: 780 kcal

1 | Die Milch mit Salz und dem Reis in einem Topf verrühren und erwärmen. Zugedeckt bei schwächster Hitze 20 Min. ausquellen lassen. Dabei ab und zu durchrühren und bei Bedarf noch etwas Flüssigkeit (Milch oder Wasser) nachgießen.

2 | Inzwischen die Kirschen waschen und entsteinen. Die Bratform mit Butter einfetten. Den Backofen auf 180° vorheizen.

3 | Die übrige Butter mit dem Zucker und dem Zimtpulver schaumig rühren. Die Eier nacheinander unterschlagen. Den Reis etwas abkühlen lassen. Mit Kirschen und der Eiercreme mischen und in die Form füllen. Den Auflauf im Ofen (Mitte, Umluft 160°) 40 Min. backen, bis er schön gebräunt ist.

➤ Getränk: Kakao oder Milchkaffee

fruchtig | preiswert

Scheiterhaufen mit Rhabarber

FÜR 4 PERSONEN

- **500 g Rhabarber**
  150 g Zucker
  3 EL Rosinen
  8 altbackene Brötchen
  3/4 l Milch
  3 Eier | 1 Prise Salz
  1 Päckchen Vanillezucker
  3 EL Butter

◷ Zubereitung: 50 Min.
◷ Backzeit: ca. 35 Min.
➤ Pro Portion ca.: 710 kcal

1 | Den Rhabarber waschen und die Enden abschneiden. Wenn sich dabei Haut löst, diese abziehen. Rhabarber in dünne Scheiben schneiden, mit 100 g Zucker und den Rosinen mischen und 15 Min. ziehen lassen.

2 | Brötchen in dünne Scheiben schneiden. Milch mit Eiern, Salz, übrigem Zucker und Vanillezucker mischen, über die Brötchen gießen.

3 | Den Backofen auf 200° vorheizen. Die Backform mit Butter einfetten. Rhabarber abtropfen lassen und lagenweise mit Brötchen in die Form schichten. Rhabarbersaft darüber gießen. Übrige Butter in Würfel schneiden und darauf legen. Im Ofen (Mitte, Umluft 180°) 35 Min. backen.

➤ Beilage: Vanillesauce

TIPP

Den Rhabarber können Sie durch beliebige andere Früchte wie Aprikosen, Zwetschgen oder Kirschen ersetzen. Bei diesen weniger sauren Früchten kann man die Zuckermenge etwas reduzieren.

im Bild vorne: **Reis-Kirschen-Auflauf** *im Bild hinten:* **Scheiterhaufen mit Rhabarber** ➤

macht was her | für Gäste

Kartoffel-Apfelrollen mit Guss

FÜR 4 PERSONEN

- **800 g mehlig kochende Kartoffeln**
- **800 g säuerliche Äpfel (z. B. Elstar oder Topaz)**
- **100 g Zucker**
- **1 EL Zitronensaft**
- **1/2 TL Zimtpulver**
- **115 g Hartweizengrieß**
- **115 g Mehl**
- **1 Prise Salz**
- **2 TL Speisestärke**
- **250 g Sahne | 2 Eier**
- **50 g Apfeldicksaft**
- **Butter für die Form**
- **Mehl zum Arbeiten**
- **Puderzucker zum Bestäuben**

Zubereitung: 1 Std. 30 Min.
Backzeit: ca. 40 Min.
Pro Portion ca.: 720 kcal

1 | Die Kartoffeln in der Schale in 25 Min. weich kochen, etwas ausdämpfen lassen und pellen. Die Kartoffeln reiben und ganz abkühlen lassen.

2 | Inzwischen die Äpfel waschen, vierteln, vom Kerngehäuse befreien und klein würfeln. Mit Zucker, Zitronensaft und Zimtpulver zugedeckt bei schwacher Hitze in 15 Min. garen. Mit dem Kartoffelstampfer zu einem feinen Mus zerdrücken.

3 | Backofen auf 180° vorheizen. Die Bratform mit Butter einfetten. Den Kartoffelteig kneten und auf einer bemehlten Arbeitsfläche ausrollen. Teig in etwa 5 × 10 cm große Stücke schneiden, die Stücke mit Mus bestreichen, aufrollen und in die Form legen.

4 | Sahne mit Eiern und Apfeldicksaft verrühren und über die Kartoffelrollen gießen. Im Ofen (Mitte, Umluft 160°) 40 Min. backen, bis die Röllchen gebräunt sind. Mit Puderzucker bestäuben.

TIPP
Der Teig soll weich und geschmeidig sein, darf aber nicht an den Fingern kleben. Ist der Teig zu feucht, noch etwas Mehl unterarbeiten. Und: Die Arbeitsfläche großzügig mit Mehl bestäuben.

1 **Kartoffelteig**
Kartoffeln auf der Rohkostreibe grob raspeln, mit Grieß, Mehl, Salz und Stärke gut verkneten.

2 **Ausrollen**
Kartoffelteig auf Mehl mit dem bemehlten Nudelholz ca. 1/2 cm dünn zu einer Platte aufrollen.

3 **Belegen**
Teig in Rechtecke schneiden, mit Apfelmus bestreichen. Ablösen, wie Cannelloni aufrollen.

gelingt leicht
schmeckt auch kalt

Birnen mit Zimtstreuseln

FÜR 4 PERSONEN

- 800 g saftige Birnen
- 2 EL Birnendicksaft
- 2 TL Zitronensaft
- 50 g Sahne
- 125 g kalte Butter
- 100 g Mehl
- 80 g geriebene Mandeln
- 1 TL Zimtpulver
- 100 g Zucker
- 1 Päckchen Vanillezucker

Zubereitung: 20 Min.
Backzeit: ca. 30 Min.
Pro Portion ca.: 705 kcal

1 | Die Birnen waschen, vierteln, schälen und vom Kerngehäuse befreien. In schmale Schnitze schneiden und in die Bratform legen. Dicksaft mit Zitronensaft und Sahne verrühren und darüber gießen.

2 | Den Backofen auf 200° vorheizen. Die Butter in kleine Stücke schneiden, mit Mehl, Mandeln, Zimtpulver, Zucker und Vanillezucker in eine Schüssel füllen und mit den Fingerspitzen leicht zerkrümeln, bis Streusel entstehen. Die Streusel auf den Birnen verteilen. Im Backofen (Mitte, Umluft 180°) 30 Min. backen, bis die Streusel goldbraun sind. Die Birnen warm oder lauwarm servieren.

➤ Beilage: geschlagene Sahne oder/und Vanilleeis

Klassiker | preiswert

Rohrnudeln

FÜR 14 STÜCK

- 500 g Mehl | Salz
- 1/2 Würfel Hefe (20 g)
- 200 ml lauwarme Milch
- 80 g Zucker
- 100 g weiche Butter
- abgeriebene Schale von 1/2 unbehandelten Zitrone
- 1 Ei | 14 Zwetschgen oder Aprikosen
- 100 g Marzipan-Rohmasse
- 1/4 TL Zimtpulver

Zubereitung: 1 1/2 Std.
Ruhezeit: 1 Std. 25 Min.
Backzeit: ca. 30 Min.
Pro Stück ca.: 265 kcal

1 | Mehl mit 1 Prise Salz mischen, in die Mitte eine Mulde drücken. Hefe zerkrümeln, in der Milch anrühren und in die Mulde geben. Mit Mehl bestäuben, zugedeckt 10 Min. stehen lassen.

2 | Zucker bis auf 1 EL, die Hälfte der Butter, Zitronenschale und Ei zum Mehl geben, alles verkneten. Teig zugedeckt 1 Std. gehen lassen.

3 | Zwetschgen oder Aprikosen waschen und aufschneiden, entsteinen. Marzipan in 14 Stücke schneiden und an die Stelle des Steins geben. Teig noch einmal durchkneten, in 14 Stücke teilen und jeweils zu einer Kugel formen. Flach drücken, mit 1 Frucht belegen, die Frucht darin einhüllen. Zugedeckt nochmals 15 Min. gehen lassen.

4 | Den Backofen auf 180° vorheizen. Die übrige Butter in der Bratform auf dem Herd zerlaufen lassen. Hefeteigkugeln nebeneinander in die Form setzen, im Ofen (Mitte, Umluft 160°) 30 Min. backen. Zimtpulver mit übrigem Zucker mischen, auf den warmen Hefeteig streuen. Abkühlen lassen.

➤ Beilage: geschlagene Sahne oder Vanillesauce

im Bild vorne: **Birnen mit Zimtstreuseln** *im Bild hinten:* **Rohrnudeln** ➤

preiswert | für Gäste

Zwetschgen-kuchen

FÜR 12 STÜCK

- ➤ **500 g Zwetschgen**
- **150 g weiche Butter**
- **120 g Zucker**
- **4 Eier**
- **abgeriebene Schale von 1 unbehandelten Zitrone**
- **1 Prise Salz**
- **350 g Mehl**
- **3 TL Backpulver**
- **80 ml Milch**
- **Butter für die Form**
- **Puderzucker zum Bestäuben**

◷ Zubereitung: 35 Min.
◷ Backzeit: ca. 35 Min.
➤ Pro Stück ca.: 285 kcal

1 | Die Zwetschgen waschen, halbieren und entsteinen. Den Backofen auf 200° vorheizen. Eine Bratform von etwa 24 × 29 cm Größe mit Butter einfetten.

2 | Die Butter mit dem Zucker schaumig schlagen, Eier nacheinander unterrühren. Zitronenschale, Salz, Mehl und Backpulver mischen und abwechselnd mit der Milch unter die Eiercreme rühren.

3 | Den Teig in die Form füllen und verstreichen. Die Zwetschgenhälften darauf anordnen. Den Kuchen im Ofen (Mitte, Umluft 180°) 30-35 Min. backen. In der Form abkühlen lassen. Mit Puderzucker bestäuben, in 12 Würfel schneiden und herauslösen.

➤ Beilage: Schlagsahne

Spezialität aus den USA

Brownies

FÜR 16 STÜCK

- ➤ **200 g Butter**
- **150 g Zartbitter-Schokolade**
- **5 Eier**
- **200 g brauner Zucker**
- **1 Päckchen Vanillezucker**
- **200 g Mehl**
- **25 g Kakaopulver**
- **1 Prise Salz**
- **Butter für die Form**

◷ Zubereitung: 20 Min.
◷ Backzeit: ca. 25 Min.
➤ Pro Stück ca.: 310 kcal

1 | Butter in Würfel schneiden, die Schokolade in Stücke brechen. Beides in einem Topf bei schwacher Hitze unter Rühren schmelzen und etwas abkühlen lassen.

2 | Den Backofen auf 180° vorheizen. Die Backform von etwa 24 × 29 cm Größe mit Butter einfetten.

3 | Die Eier mit dem Zucker und Vanillezucker schaumig schlagen. Die Schokobutter unterrühren. Mehl mit Kakaopulver und Salz mischen und unterrühren.

4 | Den Teig in die Form füllen und glatt streichen. Im Backofen (Mitte, Umluft 160°) 25 Min. backen. Den Kuchen in der Form abkühlen lassen, dann in 16 Stücke schneiden und herauslösen.

➤ Beilage: Schlagsahne

TIPP

Mit der Wahl der Schokolade können Sie den Geschmack der Brownies variieren. Nehmen Sie auch einmal Vollmilchschokolade (und etwas weniger Zucker) oder mischen Sie Zartbitter- und Vollmilchschokolade.

im Bild vorne: **Brownies** *im Bild hinten:* **Zwetschgenkuchen** ➤

Zum Gebrauch
Damit Sie Rezepte mit bestimmten Zutaten noch schneller finden können, stehen in diesem Register zusätzlich auch beliebte Zutaten wie Champignons oder Mozzarella – ebenfalls alphabetisch geordnet und **hervorgehoben** gedruckt – über den entsprechenden Rezepten.

Die Autorin

Cornelia Schinharl interessiert sich für alles, was mit Essen und Trinken zu tun hat. Seit über 15 Jahren bringt sie ihren Erfahrungsschatz als freie Food-Journalistin und Kochbuchautorin zu Papier. Ihr Ideenpotenzial scheint schier unerschöpflich, auch für diesen Ratgeber hat sie wieder Kreationen entwickelt, die jeden Gaumen betören werden.

Der Fotograf

Jörn Rynio arbeitet als Fotograf in Hamburg. Zu seinen Auftraggebern gehören nationale und internationale Zeitschriften, Buchverlage und Werbeagenturen. Aus seinem Studio stammen alle Fotos in diesem Band. Tatkräftig unterstützt wurde er dabei von seinen Foodstylisten Petra Speckmann und Hermann Rottmann.

Titelbildrezept: Lammfilets auf Tomatenbett S. 36

Temperaturstufen

Die Temperaturstufen bei Gasherden variieren von Hersteller zu Hersteller. Welche Stufe Ihres Herdes der angegebenen Temperatur entspricht, entnehmen Sie bitte der Gebrauchsanweisung.

Programmleitung:
Doris Birk
Leitende Redakteurin:
Birgit Rademacker
Redaktion:
Stefanie Poziombka
Lektorat: Redaktionsbüro
Maryna Zimdars, München
Layout, Typografie und
Umschlaggestaltung:
Independent Medien Design, München
Satz:
Uhl + Massopust, Aalen
Herstellung: Gloria Pall
Reproduktion:
Repro Ludwig, Zell am See
Druck und Bindung:
Kaufmann, Lahr

ISBN 3-8338-0024-0

Auflage	5.	4.	3.	2.	1.
Jahr	2009	08	07	06	05

GRÄFE UND UNZER

Ein Unternehmen der
GANSKE VERLAGSGRUPPE

Das Original mit Garantie

Ihre Meinung ist uns wichtig. Deshalb möchten wir Ihre Kritik, gerne aber auch Ihr Lob erfahren. Um als führender Ratgeberverlag für Sie noch besser zu werden. Darum: Schreiben Sie uns! Wir freuen uns auf Ihre Post und wünschen Ihnen viel Spaß mit Ihrem GU-Ratgeber.

Unsere Garantie: Sollte ein GU-Ratgeber einmal einen Fehler enthalten, schicken Sie uns das Buch mit einem kleinen Hinweis und der Quittung innerhalb von sechs Monaten nach dem Kauf zurück. Wir tauschen Ihnen den GU-Ratgeber gegen einen anderen zum gleichen oder ähnlichen Thema um.

GRÄFE UND UNZER VERLAG
Redaktion
Kochen & Verwöhnen
Postfach 86 03 25
81630 München
Fax: 089/41981-113
e-mail: leserservice@graefe-und-unzer.de

GU KÜCHENRATGEBER

Neue Rezepte für den großen Kochspaß

ISBN 3-7742-6334-5

ISBN 3-7742-6057-5

ISBN 3-7742-8789-9

ISBN 3-7742-6599-2

ISBN 3-7742-5762-0

ISBN 3-7742-6892-4

64 Seiten, 7,50 € [D]

Das macht die GU Küchenratgeber zu etwas Besonderem:

- *Rezepte mit maximal 10 Hauptzutaten*
- *Blitzrezepte in jedem Kapitel*
- *alle Rezepte getestet*
- *Geling-Garantie durch die 10 GU-Erfolgstipps*

GU

Willkommen im Leben.

KÄSE VORBEREITEN

- Hartkäse immer frisch reiben und nicht schon gerieben kaufen.
- Wer Käse gerieben griffbereit haben möchte, friert ihn nach dem Reiben ein.
- Käse, die sich nicht reiben lassen, würfeln. Bei klebrigen Käsen ein angefeuchtetes Messer benutzen.

Geling-Garantie für Backofengerichte

NACHRUHE EINPLANEN

- Bei größeren Fleischstücken verteilt sich der Saft besser, wenn man sie nach dem Garen 5–10 Min. ruhen lässt.
- Lasagne, Auflauf und Co. vertragen ebenfalls etwas Pause vor dem Anschneiden. Die Feuchtigkeit, die Gemüse und andere Zutaten abgeben, werden dabei etwas aufgesaugt.

KREATIV WÜRZEN

- Versuchen Sie auch einmal Curry- und Paprikapulver oder Kümmel in der Sauce oder der Eiercreme. Ebenfalls interessant: fein geschnittenes Zitronengras und Currypaste.
- Kräuter wie Minze, Estragon, Bärlauch oder auch etwas Koriander geben mehr Würze.

DAVOR UND DANACH

- Backofengerichte sind eher gehaltvoll. Davor also eine leichte klare Suppe oder einen Salat servieren.
- Danach schmeckt ein Obstsalat am besten.
- Vor süßen Hauptgerichten kann die Suppe etwas gehaltvoller sein, das Dessert entfällt.